Ulrich Schaffer

Die Reise ins eigene Herz

HERDER spektrum

Band 5545

Das Buch

"Alle Wege beginnen da, wo du jetzt bist" - wir sind nicht zufällig da, wo wir sind. Wo wir sind, ist unser Standort - und von da aus geht es weiter. Viele Ziele sehen verlockend aus, vieles scheint erstrebenswert, viel ist möglich - aber welches ist mein ganz eigener Weg? Da sind so viele Stimmen - klug ist es, da lang zu gehen; wer oben ankommen will, sollte seine Schritte von Anfang an gezielt setzen; wer zur Weisheit gelangen will, sollte meiner Lehre folgen - , und alle scheinen es gut zu meinen. Aber was will ich? - Wer seinen eigenen, unverwechselbaren Weg gehen will, kommt um die Antwort auf diese Frage nicht herum, und nicht um die Reise ins eigene Herz: um sich selbst besser kennen zu lernen. Der kommt nicht darum herum, alle Stimmen, die laut werden, kritisch zu prüfen, und nicht auf alle zu hören. Die Gedanken anderer können sehr wertvoll sein - aber es sind die Gedanken anderer. Nur wer zu sich selbst findet, findet auch den Weg über sich hinaus und lebt in einem lebendigen Gleichgewicht mit anderen, mit der Welt. - Ein Klassiker von Ulrich Schaffer, erweitert und neu aufgelegt: ein Begleiter auf der Reise ins eigene Herz, die dort nicht endet.

Der Autor

Ulrich Schaffer, geb. 1942, ist mit zehn Jahren nach Kanada ausgewandert und lebt als freier Fotograf und Schriftsteller in Gibsons, British Columbia. 1961 bis 1970 Studium der Anglistik und Germanistik an den Universitäten von British Columbia und Hamburg. 1970 bis 1981 Dozent für europäische Literatur an einem College bei Vancouver. Autor zahlreicher Bücher, die ihn einem breiten Publikum bekannt gemacht haben. Bei Herder Spektrum: Die innere Stimme, Bd 5089; Wenn die Stille spricht, Bd 5038; Wesentlich werden, Bd 5043; Wenn wir hoffen, sind wir stark, Das Buch der Zuversicht, Bd 5445; Das Wunder liegt in dir, Wege zur Mitte, Bd 5545; Gibran, Der Prophet. Übertragung ins Deutsche, Bd.5089.

Ulrich Schaffer

Die Reise ins eigene Herz

HERDER

FREIBURG · BASEL · WIEN

Gedruckt auf umweltfreundlichem,
chlorfrei gebleichtem Papier

Originalausgabe

www.herder.de
Satz & Layout: Ulrich Schaffer
Herstellung: fgb · freiburger graphische betriebe 2005
Umschlaggestaltung: R · M · E München,
Roland Eschlbeck, Liane Tuchel
Umschlagbild: Fotografie von Ulrich Schaffer
von einem Quilt von Louise Harris
ISBN 3-451-05545-7

Die Reise ins eigene Herz

Die Reise nach innen ist nicht die Reise in eine totale Subjektivität, in eine Abtrennung von der Außenwelt, sondern die Reise in die Verantwortung sich selbst und andern gegenüber. Ich glaube, dass die Nöte der Welt an vielen Stellen von einem Vernachlässigen der Innenwelt des Einzelnen stammen. Wo es einer Gewalt um uns gelingt, uns von uns selbst wegzuführen und uns einzubauen in das System einer uns fremden Lebensform, da wirken wir nicht als Korrektiv, sondern als ausführender Arm einer anderen Gewalt. Die letzten Jahrhunderte und besonders das 20. Jahrhundert sind voll von Beispielen, was geschehen kann, wenn der Einzelne sich seine Stimme abnehmen lässt und das tut, was von ihm verlangt wird. Es ist dann egal, ob das im politischen, ökonomischen oder religiösen Bereich abläuft. Die Zerstörung ist gleich.
Ich möchte mit diesen Texten, die nicht einzeln, sondern nur im Zusammenhang zu sehen sind, die Notwendigkeit betonen, wieder mit sich selbst, mit den eigenen Bedürfnissen und der eigenen inneren Wirklichkeit in Kontakt zu kommen, anstatt sich diktieren zu lassen, was man glauben, leben und denken sollte. Wo diese innere Wirklichkeit, auch mit all ihren Unzulänglichkeiten, wahrgenommen wird, wird es möglich, viel sachlicher mit den Angeboten umzugehen, die ständig von außen an uns herangetragen werden. Wir müssen dann nicht

etwas entweder total ablehnen oder ganz befürworten. Beides sind oft Handlungen der Unreife und Unsicherheit. Wir können vorsichtig prüfen und dann das Gute behalten und in unser Leben aufnehmen, während wir das andere wieder loslassen. Der Mensch, der eine eigene Meinung hat, die im Laufe seines Lebens Reife und Tiefe gewonnen hat, der also nicht etwas nachplappert oder nachmacht, wird am ehesten fähig sein, die Meinung anderer zu hören und zu prüfen. Der Mensch ohne Meinung fällt am schnellsten auf die Meinung anderer herein.

Die Reise darf nicht nur nach innen führen und dort aufhören. Zum tieferen Sinn der Reise ins eigene Herz gehört auch die Rückkehr zur Welt, als wandlungsfähiger Mensch. Was uns zu reifen und liebenden Menschen macht, ist die Fähigkeit, an andere zu denken und dies selbstlos zu tun. Sich selbst zu finden muss darum immer die neue Entdeckung des anderen nach sich ziehen. Auch das ist ein Prozess, der langsam geschieht und an dem wir arbeiten müssen. Auch das ist eine Entscheidung, die zu treffen ist. Sie fällt uns nicht zu.

Das Buch besteht aus zwei Teilen: Der klein gesetzte und fortlaufende Text ist die Geschichte eines Menschen auf dem Weg zu sich selbst und darüber hinaus. Die groß gesetzten Texte sind Merksätze, die die Geschichte begleiten.

ulrich schaffer

Ulrich Schaffer

Eine Theologie,
die nach wie vor den Weg nach innen
als „Selbsterlösung" verdammt,
verriegelt dem Heiligen Geist die Tür.

Hildegunde Wöller

Der Standort

Alle Wege beginnen da,
wo du jetzt bist.

1

Du bist hier.
Hinter dir liegt ein langer Weg.
Um unzählige Biegungen
bist du ihn bis hierher gegangen.
Über Wiesen und Asphalt, durch leere Straßen,
allein, zu zweit und in Gruppen,
die sich immer wieder anders zusammensetzten,
über blühende Frühlingshügel,
durch Gärten und Parks, durch Regen und Schnee.

Und immer, immer wieder,
wie die Sekunden, Minuten und Stunden,
mit der Sicherheit von Tagen und Jahren
war da die Frage nach dem Sinn.

Diese Frage hat sich zärtlich getarnt,
sie war Spiel und Unterhaltung,
dann wieder hat sie dich brutal gejagt,
verschwand und tauchte woanders auf,
ließ dich nie lange in Ruhe,
war dir Geliebte und Feindin.

Manchmal hast du dich in der Frage verloren,
hast unter ihrer zwingenden Intensität gelitten.
Oft fandest du den Sinn nicht.
Und dann wieder konntest du klar sehen,
was dein Leben zusammenhielt.
Aber es dauerte nicht lange,
und du warst wieder unterwegs.

Du sehnst dich
in deinem tiefsten Wesen
nach nichts so sehr
wie danach, zu lieben.
Und doch vergisst du
manchmal diese Sehnsucht.

2

Der eine Punkt,
an dem du dich jetzt befindest,
setzt sich zusammen aus einer Vielzahl
von Erlebnissen und Erfahrungen,
aus Schmerz und Glück, aus Stille und Sturm,
aus Sanftheit und Härte.
Nicht zufällig wurdest du der Mensch,
der du jetzt bist.

Du hast gelitten,
hast dich an Schultern gelehnt und ausgeweint.
Auf weiten Ebenen wusstest du nicht weiter,
warst verloren unter einem großen Himmel.
Vielleicht wurde ein Baum dein Verbündeter,
du hast deine Arme um ihn geschlungen,
hast mit deinem ganzen Wesen geseufzt
und bist deinen Weg unsicher weitergegangen.

Du hast Kälte gespürt
und an Wärme geglaubt.
Du warst einsam und hast dir Liebe vorgestellt.
Du warst unberührt und wusstest doch,
dass es auch für dich Zärtlickeit geben konnte.
Irgendwo. Irgendwie. Irgendwann.
Nie warst du ganz ohne Sehnsucht,
dieser Schmerz mitten im Glück.

Manchmal können wir

unsere Motive

nicht durch Denken,

sondern nur

durch Handeln

prüfen.

Du hast geschrieen, gebetet,
gehofft und gewartet.
Du hast geglaubt,
mit der Unerschütterlichkeit eines Kindes,
mit der Begeisterung eines Jugendlichen,
mit dem Zweifel und der Angst eines Erwachsenen,
als dir Teile deiner Welt zerfielen.
Du hast dich in den Schlaf geflüchtet
und in die Kurzsichtigkeit.
Du hast gewusst,
alles gewusst und verstanden
und dann doch nichts von deinem Wissen
auf dein Leben übertragen können.
Und du hast gelebt,
als wäre jeder Tag der letzte,
du hast alle Sicherheiten in den Wind geschlagen
und aufgesogen, was dir deine Sinne boten.

Oder warst du einer von den Menschen,
die alles richtige gemacht haben?
Hast du in einer stillen Angst vor Gott gelebt,
in der du meinstest,
nicht der Mensch sein zu dürfen,
der du warst?
Hast du versucht, so gut zu sein,
dass du dich zerstört hast?

Du hast an Erfüllung geglaubt,
auch wenn du das Wort nicht gebraucht hast.
Ob du sie gefunden hast, die Erfüllung,
ob du hier jetzt glücklich bist,
weißt nur du.
Aber vielleicht
weißt auch du
es nicht.

*Achte auf
deine kleine
innere Stimme.
Sie ist weiser als du,
weil sie ein Leben lang
kämpfen musste,
um gehört zu werden.*

3

Du hast versucht, dich selbst hinter dir zu lassen.
Auch hat man dir wortlos vermittelt,
dass du belanglos seist in der riesigen Welt.

Aber du kamst nicht los von dir.
Überall hast du dich mitgenommen.
Du stecktest in deiner Vergangenheit
und nahmst die Welt in dir wahr.

Hat man nicht auch immer wieder von dir verlangt,
dass du dich verlassen solltest?
Hat dir nicht jemand gesagt,
dass du nicht mehr du selbst sein sollst,
und dir eine fremde Identität angeboten?
Bist du nicht manchmal vor dir geflohen?
Wer bist du jetzt?
Steckst du in deiner Haut,
oder bewohnt ein Fremder deinen Körper?
Bist du der Mensch, der du sein willst?

Du bist mehr wert,
als du meistens denkst.
Es gibt Tage,
da schämst du dich,
so viel wert zu sein,
und minderst deinen Wert
vor dir selbst herab.

4

Du brauchst einen Durchbruch.
Es reicht dir nicht mehr, dich treiben zu lassen
und zu sehen, was das Leben bringt.
Du willst eine Richtung, ein Ziel.
Du willst das Haus deines Lebens bauen,
und es soll auf Felsen stehen.

Du siehst, wie sich manche zerstören,
wie sie in Abgründe fallen,
in gewaltsame Hände geraten
und keinen gehbaren Weg finden,
wie sie ihr Herz verlieren und ihren Verstand.
Werte werden belächelt. Ehen zerfallen.
Kinder und Eltern sprechen nicht die gleiche Sprache.
Fragen sind zu einfach oder zu schwer.
Müde Menschen wagen nur noch
die Wiederholung, in der sie täglich sterben.

Du hast Sehnsucht nach Möglichkeiten,
in denen du dich wohl fühlen kannst.
Du willst leben, reich und bunt,
und nicht schon im Leben sterben.

Du hast jetzt den Moment erreicht,
in dem die Entscheidung fallen muss.
Dies kann nicht alles sein,
das das Leben zu bieten hat.
Es muss eine Erfüllung geben,
die das Leben lebenswert macht,
eine Erkenntnis, die befreit und weiterbringt.
Du bist nicht bereit, dich durch eine Leere zu bewegen
wie tausend andere, die aufgegeben haben.
Du brauchst einen Durchbruch.

Du bist
auf einer Reise,
die kein endgültig
und klar beschreibbares
Ziel hat.
Das auszuhalten,
mag das Ziel sein.

5

Jetzt
bist du hier.
In diesem Moment
bist du am Ende
deiner bisherigen Reise,
und ebenso kann jetzt
eine neue Reise beginnen.

Du bist nicht irgendwer.
Du bist du,
auch wenn man dich abschätzt,
hochrechnet, dich verplant,
vernachlässigt, verkauft
und vielleicht verachtet.
Du bist du.
Keiner kennt dich so,
wie du dich kennst.

Lass den Satz auf deiner Zunge zergehen,
nimm ihn in dich auf
und lass ihn Gestalt in dir gewinnen.
Darum musst du dein Leben in die Hand nehmen.
Der Reichtum deiner Seele, deines Geistes,
deines Körpers, sie gehören dir.
Die Möglichkeiten, die in dir ruhen,
kannst nur du entwickeln.
Es ist eine Sendung, dich selbst zu entdecken.

Geh zu dir.
Sei bei dir,
denke an dich.
Es ist Zeit,
deine Kostbarkeit zu spüren.

Es ist Zeit,
deine Kostbarkeit zu spüren
und dich zu lieben.
Es ist die Tür
zur Welt.

Ein Rückblick

Die Welt ist voll von Angeboten,
die dich von dir weglocken.

1

Dein Leben lang
hast du zwischen Menschen
und Meinungen gestanden,
warst umgeben von einem Stimmengewirr
und konntest deine Wahrheit nicht finden.

Du hast nach deiner ganz eigenen Musik gesucht
und immer nur die Musik anderer gehört.
Klänge kreuzten sich, verhallten,
in ihnen fehlte deine Stimme.
Du hast deine Melodie nicht gefunden.

Du hast von allen Seiten gehört,
wie du die Welt sehen solltest.
Man hat dir Angebote über Angebote gemacht,
und manchmal hast du eins angenommen,
hast dich so bewegt, wie man dir vorschlug,
hast das geglaubt, was man von dir erwartete,
und hast dich doch in allem nicht gefunden.

Du bist leer geblieben und unruhiger geworden.
Da ist deine Sehnsucht nach dem Durchblick
noch weiter gewachsen,
auch wenn du manchmal
kurz vor dem Aufgeben standest
und du die ganze Ernsthaftigkeit,
auch deine eigene, belächelt hast.
Dann hast du dich wieder aufgemacht
und hast weiter gesucht.
Du hast nicht aufgegeben
und hast die Angebote weiter geprüft.

Du hast schon damals geahnt,
wie alles davon abhängig sein würde,
wie du zu dir selbst stehst,
wie du mit dir selbst umgehst.

Es ist schon lange her,
dass du Stücke von dir
weggeben hast.
Es ist nie zu spät
sie wieder zurückzuholen.

2

Schon früh bot man dir Ordnung
als Antwort auf alle Fragen an.
Bis heute hat das nicht aufgehört.
Geordnet kommen sie auch jetzt noch
auf dich zu, die Ordnungsgläubigen,
um dich zu retten.

Für sie ist Ordnung nicht das halbe,
sondern das ganze Leben.
Schon damals versprachen sie dir Erfüllung,
wenn du dich an ihre Ordnungen hieltest.
Mit erhobenen Schildern sprachen sie
von ihren Parteien, Gruppen und Kreisen,
von ihren Klubs und Verbindungen,
innerhalb derer sich die Wahrheit
auch für dich befindet.
Du brauchst nur zuzugreifen.
Alles ist so einfach, wenn du dich an die Regeln hälst.
Sie existieren nur für dein eigenes Wohl,

sie schützen dich vor dir selbst.
Und dann malen sie es dir in den Farben aus,
die sie lieben: ein dezentes Grau,
ein klassisches Schwarz und ein reines Weiß.

„Gelange über dich selbst hinaus", rufen sie dir zu,
„indem du dich nicht so wichtig nimmst,
wohl aber die Ordnungen, in denen du lebst.
Gott ist ein Gott der Ordnung,
und Unordnung ist vom Bösen."
Sie glauben, dass mit der Ordnung
der Gehorsam kommt
und mit dem Gehorsam der Wohlstand,
weil Segen auf dem Gehorsam liegt.
Und mit dem Wohlstand kommt das Wohlbefinden,
und mit dem Wohlbefinden kommt das Glück.
„Der Erfolg unseres Landes
ist auf seine Ordnungstreue zurückzuführen.
Gott liebt die Ordentlichen."
So verlockend einfach ist es.
Du kannst dich selbst abgeben und frei von dir sein.

Du kannst dich dem größeren System unterstellen,
in dem für dich gesorgt ist.
Du brauchst dich nicht zu quälen
mit eigenem Denken und mit Verantwortung,
die du genauso gut abgeben kannst.
Was dir zu schwer fällt, können andere für dich lösen.
Dafür existiert die klare Ordnung
und die übersichtliche Hierarchie.

Aber warum fühlst du dich denn so zugeschnürt?
Du spürst Unordnung in dir,
die Unordnung des Werdens,
die Zerrissenheit in Entscheidungen,
die Konfusion des Fragens.
Du bist nicht rund und passend genug
für diese Welt der Ordnung.
Deine Fragen sind zu tief und zu gefährlich
für die Zufriedenen.

*Höre auf die
versteckten Botschaften,
die du dir zuflüsterst.
Meistens geht es
um etwas anderes
als das,
worum es zu gehen scheint.*

Du bist nicht gefragt, so wie du bist.
Du weißt, dass du nur passen wirst,
wenn du dich selbst aufgibst.
Darum spürst du schon Gefühle des Verlustes.
Du spürst nicht mehr deinen Weg,
nicht deinen unverwechselbaren Beitrag,
sondern nur die Forderungen,
deine Rolle endlich anzunehmen
in der Ordnung der Dinge.

Sie werden dir sagen,
dass du zu sehr an dir hängst
und damit die Ordnungen störst.
„Lass dich los
und halte nur die Ordnungen fest",
rufen sie dir zu.
Aber du suchst weiter.
Du musst weiter suchen.

Tue nicht nur,
was „nötig"
und „richtig" ist,
sondern erinnere dich
an das, was du tun wolltest,
als du mit einem inneren Feuer
gebrannt hast.
Du bist viel mehr
als deine Pflicht.

3

Andere preisen die grenzenlose Freiheit.
Sie glauben und leben eine Welt
ohne Einengungen, ohne Verpflichtung
und ohne Verantwortung.
Grenzenlose Freiheit ist alles.

Du bist zu verkrampft", sagt man dir.
„Du bist ein Opfer deiner Vergangenheit,
lass sie los, sie geht dich nichts mehr an.
Deine engen Eltern haben dich geprägt,
verabschiede sie, befreie dich von ihnen.
Nichts hat dir deine Freiheit so genommen
wie die Gesetze deiner Kirche,
verweigere ihr den Gehorsam.

Du hast Zerstörerisches übernommen,
internalisiert, introjiziert, verdrängt
und auf jeden Fall nicht verarbeitet.
Du leidest körperlich, seelisch und geistig

an blockierten Wegen, an unerlaubten Gedanken
und an der ganzen Unfreiwilligkeit deines Lebens.
Da gibt es nur eins: Lass alles los.
Du musst frei wie ein Vogel werden,
musst fliegen lernen, weil du wirklich fliegen kannst.
Wirf ab, was dich beschwert hat.

Überspringe die Grenzen, die dich halten,
lass dir nichts mehr vormachen.
Akzeptiere nicht die Gefängnisse,
in die man dich stecken will.
Lass nicht die Sturen und Kleinlichen,
nicht die Engen und Ängstlichen
dein Leben bestimmen.
Nur in der Freiheit wirst du glücklich sein."

In dir klingen die Worte an
und reißen dich mit.
So hast du dir die Welt gewünscht,
das hast du geträumt.
So willst du leben.

Und doch schleicht sich der Zweifel ein.
Du spürst die Vereinfachung des Lebens
in diesen Gedanken.
Du hörst in diesen Worten die Angst
vor der Leben spendenden Bindung
und die Scheu vor dem schmerzhaften Opfer,
das mit jeder dauerhaften Beziehung verbunden ist.

Du merkst,
dass du nicht „Freiheit" rufen kannst
wie die anderen.
Du musst den Begriff anders füllen.
Ahnst du, wie lebensspendend
die Spannung zwischen Freiheit und Opfer ist?
Du musst weiter suchen.

Was andere
über dich denken,
ist letztlich egal.
Was denkst du über dich?

4

Eine Tür in eine endlose Weite geht auf.
Vornehm und östlich
öffnet dir ein Fremder
die Welt seiner heiligen Bücher.
Du liest und wirst mit jeder Seite leerer.
Du kommst in diesen Büchern nicht vor.
Ihre Sprache ist wie ein leichter Papierdrachen,
der lustig im Wind fliegt,
dessen Band du aber nicht
in der Hand hältst.
Er wird gesteuert,
du aber darfst nicht
den roten Faden berühren.

Was du denkst, ist hier unwichtig.
Da beginnst du selbst es zu vergessen.

Deine Welt
ist deine Erfindung.
Niemand
erfindet die Welt
so wie du.

5

„Komm zu uns", laden sie dich ein.
„Wenn du unseren Glauben annimmst,
werden deine Probleme kleiner,
oder sie werden ganz verschwinden.
Unser Glaube ist nicht eng,
aber ein paar Dinge musst du glauben,
ohne sie geht es nicht.
Aber wenn du sie glaubst, wirst du merken,
dass es in deinem besten Interesse ist.
Komm zu uns, und dein Leben wird anders werden.
Du wirst glücklich sein
in der Gemeinschaft der Gläubigen, unter uns.

Wir sind nicht wie die anderen,
die immer nur vom Glück reden,
aber nicht wirklich glücklich sind.
Wir sind wirklich glücklich.
Bei uns herrscht ein anderer Geist.
Vielleicht merkst du das nicht sogleich,

aber später wirst du sehen, dass wir Recht hatten.
Und du wirst froh sein,
dass du zu uns gekommen bist."

Diese Sätze
hast du in immer wieder anderer Form
dein Leben lang gehört.
Die Bezeichnungen und der Stil
mögen sich unterscheiden,
aber schon die Riten der Selbstaufgabe ähneln sich.
Selten oder nie fragt man dich nach dir,
nach deinem Weg, nach deinen Träumen,
nach deinen Ängsten und Wünschen.
Und wenn man fragt,
dann hat man schon fertige Antworten bereit.
Sie passen nicht auf dein Leben, aber das scheint
nicht wichtig szu sein.
Und deine Fragen zu diesen Antworten
sind schon fast verboten.
Auch hier ist schon alles fertig,
und es ist egal, wer du bist.

Der Anfang dieser und jeder Lehre
liegt außerhalb von dir.
Diese Wahrheit hat mit der Wirklichkeit
deines Lebens wenig zu tun.
Das Reich Gottes ist wieder einmal nicht in dir,
sondern in dem, was vor dir und trotz dir
und neben dir von anderen entschieden wurde.
Du bist nur ein stiller Zuschauer,
wenn über dein Leben verhandelt wird.
Deine persönliche Geschichte, deine Intelligenz
deine Zweifel, deine Sehnsucht, deine Ahnung,
dein Gespür, deine Erfahrungen
scheint nicht wichtig zu sein.
Wichtig ist allein, was hier gelehrt wird,
und das „musst du glauben."
Daran entscheidet sich, ob du dazugehörst.

„Das geht nicht mehr,
das will ich nicht", rufst du und bist weg.

Schon deine Vorstellung
schafft deine Welt.
Wir können nicht denken,
ohne dadurch
Wirklichkeit zu schaffen.
Nichts ist frei.
Am wenigsten
unsere Gedanken.

6

„Es ist deine Einsamkeit,
die dir das Leben schwer macht",
sprechen wieder andere.
„Beziehung ist alles.
Liebe zwischen Menschen ist die Antwort.
Davon wirst du blühen
und die härtesten Lebenssituationen bestehen.

Du musst auf Menschen zugehen,
ihnen vertrauen, dich fallen lassen
in die Berührung der Haut
und in das Auge-in-Auge-Versinken.
Du musst aus dir heraustreten
und den Weg zum anderen finden.
Nur was ihr gemeinsam tut, hat Bestand.

Die Luft wird verzaubert sein,
und du wirst glücklich werden wie nie zuvor.
Vertraue dich der Liebe an."

In diesen Worten ist Frühling, das spürst du.
Du bist empfänglich für den Segen der Liebe.
Du bist deiner großen Sehnsucht
nach Liebe nachgegangen,
aber du hast dich schon oft gefragt,
ob du fähig bist zu lieben.
Schon dich selbst zu lieben, fällt dir schwer.

Und ist sie das Allheilmittel,
ist sie der Weg aus die Hölle?
Oder ist sie eingebunden
in einen größeren Rahmen,
den wir noch nicht sehen?

Die Energie
für deine Reise
kommt aus deiner Suche.
Sie ist wie ein Motor
in deinem Inneren.

7

Zwischendurch hörst du Stimmen,
die nur aus Trost bestehen.
Leise und mitleidig sprechen sie
von einem Leben nach dem Tod.
Sie sind schon nicht mehr ganz hier,
ihr Augenmerk ist auf das Jenseits gerichtet.

Für sie ist das Leben
eine vorübergehende Unannehmlichkeit,
nach der das Beste erst kommt.
Es ist die Probe, die es zu bestehen gilt,
die Prüfung auf Echtheit.
Ein Himmel ohne Tränen wartet auf sie.

Auch du kennst die Grenzen deiner Tragfähigkeit,
und es gibt Tage, an denen dir alles zu viel ist.
Die Welt ist so kalt
und es scheint fst unmöglich zu sein,
wirkliche Wärme bei Menschen zu finden.

Härte und Unempfindsamkeit scheinen zuzunehmen.
Obendrein bist du umgeben
von unendlich viel Leid,
das schwer zu ertragen ist,
wenn man so wenig helfen kann.
Dann möchtest du auch aufgeben,
und schon der Glaube an ein Leben nach dem Tod
ist eine Verlockung, der du verfallen könntest.

Dann aber spürst du den Betrug am Leben,
auf den du dich beinahe eingelassen hättest.
Hier bist du zu Hause, hier willst du bestehen.
Manchmal ahnst du sogar,
dass du einen Beitrag zu geben hast, hier,
in deiner Begrenztheit und Hilflosigkeit.
Darum ist diese Flucht unmöglich
für den, der die Erde liebt und beschützt,
weil sie ihm anvertraut ist.
Du entscheidest dich, von ganzem Herzen
an dem Schicksal der Welt beteiligt zu sein.

Niemand
kann dein Ziel festlegen.
Das kannst nur du,
auch wenn andere meinen
zu wissen,
wie du leben solltest.

8

Eine dir wohlgesinnte Stimme
holt dich mit diesen Worten
aus deiner Versunkenheit:
„Dein Unwohlsein stammt
aus der Unsicherheit deines Lebens.
Wenn du nicht genug Geld hast,
wenn es dir an Besitz fehlt,
dann kannst du die anderen Dinge des Lebens
nicht wirklich genießen.
Immer steht die Unruhe über dir.
Du kannst im nächsten Moment
mittellos sein, auf der Straße sitzen,
dann helfen dir keine wunderbaren Ideen,
keine tiefsinnige Mystik,
kein ferner, liebevoller Gott.
Dann hilft nur materieller Besitz,
den viele verachten.
Ich rede nicht vom schmutzigen Geld,
nicht vom Glauben an den Mammon,

nicht vom Verkauf deiner Seele,
wohl aber von Planung und Vorsorge,
von Anlagen und Einsätzen.

Du sollst nichts tun, was jemand schaden würde,
aber an dich musst du denken
und in die Konkurrenz eintreten.
So funktioniert die Welt. Von nichts kommt nichts.
Du musst an dich denken,
und wenn ich dir dies sage,
dann nur, weil ich an dich denke.
Du weißt, was man so sagt:
Geld macht nicht glücklich, aber es beruhigt.
Vergiss das nicht."

Das klingt einleuchtend,
und denen, die sich daran halten, geht es gut.
Was hindert dich, deine ganze Energie
in diese Richtung zu investieren?

*Niemand
ist für dein Glück
verantwortlich.
Das zu wissen,
befreit dich von anderen
und für andere Menschen.
Es befreit dich auch
für dich selbst.*

9

Mitten in den Angeboten und dem Stimmengewirr,
in dem Handeln und Schachern mit Ideen und
Theorien, mit Philosophien und Theologien,
überfällt dich eine Stille.
Alles flieht von dir, und nur Schweigen umgibt dich.
Stille und Angst, aber auch Stille und Glück
gehören seit deiner Kindheit zusammen,
aber heute weißt du nicht, was die Stille enthält.
Angst oder Glück? Du hörst dein Herz schlagen,
es überrascht dich, du hattest es vergessen,
hattest vergessen, dass du dein Herz fragen kannst.
Aber auch der Druck, keinen Fehler zu machen, ist da,
nicht das Falsche zu wählen,
dich nicht für das zu entscheiden,
wofür dich das Leben bestrafen könnte.
Gott nicht zu verärgern und Menschen auch nicht.
An dich selbst zu denken, aber auch nicht zu sehr.
Es schlägt wie Wellen über dir zusammen,
und du fliehst aus der Stille in neue Angebote.

10

Mit sicheren Handbewegungen,
mit dem Glück der Erfolgreichen,
denen sich alle Türen von selbst öffnen,
mit Autorität und Überzeugung
kommen sie auf dich zu und sagen:
„Du wirst dich immer nur so wohl fühlen,
wie dich andere ehren und schätzen.
Keiner von uns lebt allein in der Welt,
und unser Stand unter Mitmenschen
ist von großer Wichtigkeit.
Wenn du äußerlich etwas bist,
wenn du angesehen bist und etwas darstellst,
wird es dich auch innerlich verändern.
Du musst alles dransetzen voranzukommen,
aufzusteigen aus deinem kleinen Leben,
aus den Begrenzungen, die dich zurückhalten
und dir nicht die Entfaltungsmöglichkeiten bieten,
die du brauchst.

Wenn du mit denen zusammen bist,
die etwas gelten in der Welt,
dann wirst auch du etwas gelten.
Ihre Stellung wird dir zugute kommen,
ihre Verbindungen werden dein Gück begünstigen.

Wir reden hier nicht
von einem gewaltigen Aufstieg in der Gesellschaft,
nicht von Strebertum und Ausbeutung,
wohl aber von dem Recht,
sich selbst die besten Chancen zu geben,
um aus sich das Beste zu machen.
Wenn du prüfst, was wir sagen,
wirst du sehen, dass du uns Recht geben musst.
Wer will nicht bewundert werden?
Wer überlegt nicht, wie er wirkt?"

Achte auf das,
was nach deinem ersten Impuls
in dir geschieht.
Es kann sein,
dass du mehr bist
als deine spontane Reaktion.
Achte und ehre
die Tiefe in dir.

Auch diese Wünsche trägst du in dir
und stehst nicht über ihnen.
Aber du bist nicht bereit, dafür alles einzusetzen.
Du spürst, wie du dich damit
von dir selbst entfernen würdest.
Dieser Schwall von Worten schüttet dich zu.
Du befreist dich von ihm und kehrst zu dir zurück.

Die Reise in dein Herz
hat schon lange begonnen
und geht jedes Mal weiter,
wenn du das, was dir fremd ist,
nicht in dein Leben aufnimmst.
Es ist nicht deins.
Es gibt etwas für dich, das zu dir passt.
Du brauchst eine innere Heimat.
Gib nicht auf, sie zu finden.

11

„Die Wahrheit umgibt dich,
du musst sie nur aufnehmen", so sagt man dir.
Du glaubst es und nimmst sie auf,
wo du sie zu finden meinst, verwirfst sie wieder,
nimmst sie wieder auf und verwirfst sie erneut.
Dann wirst du vorsichtiger im Aufnehmen,
zurückhaltender im Glauben,
die Enttäuschung macht sich in dir breit,
und wenn du dich mutig fühlst, getraust du dich sogar,
der Leere ins Auge zu sehen.
Es ist die Vorahnung vom Tod.
Jeder Sinn, den du entdeckst,
scheint dir doch nur ein Selbstbetrug zu sein.
Jede Begeisterung eigentlich nur Kurzsichtigkeit.
Und das Glück hält nie länger an
als nur einen Augenblick
und ist dann meistens für andere und nicht für dich.
Es ist herb, ein Sucher zu sein
in einer Welt voller Täuschungen.

Zu wissen,
was du nicht mehr willst,
ist so kostbar
wie zu wissen,
was du willst.

Je kleiner
du dich innerlich hältst,
desto mehr
richtest du dich
nach der Wirklichkeit.

*Je reifer
du dir erlaubst, zu werden,
desto mehr
richtest du dich
nach deiner Vision
für die Welt.*

12

Sterne sollen dir die Zukunft sagen,
Karten dein Schicksal bestimmen.
Kristalle und Pyramiden vermitteln dir Energie.
Heilung folgt der Befreiung des Geistes.
Es gibt Geheimwissen und besondere Einsichten,
die nur Eingeweihte vermitteln können.
Es gibt auserwählte Kreise,
die dir den Himmel versprechen
Durch Kanäle fließt die Weisheit der Propheten,
für dich, nur für dich.

Alles ist vor langem entschieden.
Nichts ist entschieden, die Welt ist offen.
Ein Guru folgt einem Weisen,
und dieser hört auf einen Seher,
der Gott selbst gesehen hat.
Es gibt Wege, die keine sind,
und was du in diesem Leben nicht schaffst,
wird dir im nächsten gelingen.

So fliegen die Worte, die Bilder,
die Wahrheiten und Einsichten hin und her.
Du bist angezogen von dem Neuen,
von dem Verdeckten und Fremden.
Schon lange hast du gewusst,
dass das Leben komplex ist.
Aber dir schwimmt der Kopf,
du kannst nicht wählen,
du bist überfordert und möchtest fliehen.
Tu es doch.
Die Reise in dein Herz
ist immer von erster Wichtigkeit.
Nichts ersetzt, zu dir selbst zu finden,
und niemand kann die Reise für dich machen.

Die Gedanken anderer
können sehr wertvoll sein,
aber es bleiben immer
die Gedanken anderer.
Finde deine Gedanken
für deinen Weg.

13

Jetzt ist der Moment gekommen.
Hier entscheidet sich, wie deine Zukunft aussehen wird.

Streifst du die Stimme ab, schaffst du dir Stille,
ohne ängstlich nach außen zu hören?
Hältst du es aus, nicht zu wissen, wo es weitergeht?
Erlaubst du dir liebevolles Misstrauen
gegenüber den Seelenfängern, die dich umlagern,
und hast du den Mut, dich von ihnen zurückzuziehen,
auch von denen, gerade von denen,
die so überzeugt sind von ihrer Richtigkeit,
die Gott auf ihrer Seite zu haben glauben
und deren Sicherheit nichts zu erschüttern vermag?
Und hörst du die kleine Stimme,
diese vorsichtige, überhörte, vernachlässigte Stimme
in der Tiefe deines Wesens?
Hörst du sie deinen Namen rufen?
Sie ruft deinen Namen, nur deinen Namen,
ohne Titel und Wertung.

Gibst du der Stille eine Chance,
und dem weiten Raum, in dem deine Stimme steht
und nur deinen Namen sagt?
Es ist deine Gelegenheit.

In der Weite tun sich Wege auf.
In der Stille werden die Worte wachsen,
aus denen du deine Heimat bilden kannst.
Vor dir liegt die herrliche,
erschreckende Landschaft deiner inneren Welt.
Dahin soll die Reise gehen.
Es ist nicht weit für den, der sich sucht,
und unendlich weit für den, der vor sich flieht.
Es ist das Abenteuer der Heimreise ins eigene Herz.
Nichts ist so spannend, wie dich selbst zu entdecken
und zu wissen, dass es dich gibt
und dass du zählst.

Komm…

*Vielleicht stand hinter
jeder deiner Sehnsüchte
nur dein Heimweh
nach Gott.*

Die Reise

Auch wenn sie beschwerlich ist,
musst du die Reise antreten.
Es gibt es keine Alternative.

1

Aus der Stille in dir
steigt eine Landschaft auf.
Erst ist sie nur dunkel und fern.
Sie besteht aus vernachlässigten Gedanken,
aus vergessenen Bildern,
verachteten Worten
und untergegangenen Wahrheiten.

Sie ist dir fremd,
und wenn sie aufleuchtet,
erschreckt sie dich mit ihrer Direktheit.

Es ist das Land, das wartet,
von dir eingenommen zu werden.
Es ist die Heimat,
die von dir bewohnt werden will.

2

Mit viel Unsicherheit
kehrst du dich zu dir selbst.
Du bist ungewiss, ob du so nach innen hören
und das ernst nehmen darfst, was sich in dir auftut.

Du kennst den Reflex in dir,
zu fliehen, dich wegzuschleichen
und wieder die innere Welt der äußeren zu opfern.
Ein zuckender Fuß, das Schließen der Augen,
eine ängstliche Handbewegung
deuten deine Fluchtgedanken an.
Noch wehrst du die Schönheit
deiner inneren Welt ab.
Noch bist du dir nicht sicher, wer du bist,
und noch weniger, wer du sein willst.

Du hast gelernt, dass der Sprung ins Ungewisse
der Sprung in den Tod ist.

„Gebrauche deinen Kopf",
hat die Welt von dir gefordert,
und so hatte nur das Wirklichkeit,
was du denken konntest,
während du hinter deinen Rippen starbst.

Man sagte dir, dass dein Herz nur eine Pumpe sei,
deine Seele nur ein Gefühl,
und aus deinem Geist machte man
die grauen Zellen deines Gehirns.
So eng war die Welt
und so wenig Platz gab es für dein Wesen.

Wenn du jetzt dem Reflex widerstehst
und nicht fliehst, kann es anders werden.
Es gibt Leben in der Landschaft,
die still aufsteigt und dich werbend einlädt.
Es ist dein Leben,
jetzt und ewig.

3

Bist du noch da? Hörst du dich?
Nichts ist so echt wie dein Wunsch zu leben.
Nichts kennst du so wenig wie deine tiefsten Wünsche.

Man hat nicht an sich selbst zu denken,
so klingt es dir in den Ohren,
und da hast du an andere gedacht
und dich selbst langsam immer weniger gehört.

Jetzt bist du wieder da.
In der Landschaft, die auftaucht,
ist deine Stimme das Einzige. Wenn du ihr zuhörst,
wird das Stimmengewirr dünner und blasser,
es tritt zurück und hat weniger zu sagen.
Dies ist der Ort deiner Stimme.

Glaubst du, dass du etwas zu sagen hast?
Glaubst du, dass du weise bist?
Könnte die Welt, die in dir aufsteigt, wertvoll sein?

Je näher du
deinem Kern kommst,
deiner Einmaligkeit,
desto interessanter wirst du.

4

Die Stille,
die auf der Landschaft liegt,
schafft viel Raum.
Weite wird geboren.
Hier ist Luft zum Atmen.

Halte die Stille aus,
aus ihr werden die Wege geboren,
die du gehen kannst.
Sie wölbt sich wie ein Dom über dir.
Sie kann dein Zuhause werden.

5

Du hast einen Willen.
Er gehört zu dieser Landschaft.
Früher nannte man ihn böse,
und er musste gebrochen werden,
weil er nichts Gutes wollte, schon von klein auf.
Du hast nicht verstanden,
warum man dich so schlecht machte,
denn du hast dich nicht so erlebt.
Und doch hast du es geglaubt.

Wie der stete Tropfen den Stein aushöhlt,
so haben dich die Vorstellungen deiner Umwelt
bis in die tiefen Winkel deines Wesens geprägt.
Da hast du die Dunkelheit in dir gesehen.
Du spürtest deine finsteren Triebe,
deine gemeinen Bedürfnisse.
Da hast du deinen Willen aufgegeben,
da wurdest du gehorsam und hast verlernt
zu fragen: „Was will ich?"

Jetzt ist dein Wille wieder da.
Kannst du ihn ertragen?
Siehst du seinen Reiz und seine Lebendigkeit?
Er ist wie ein Arm, der sich ausstreckt
nach Wahrheit, nach Sinn, nach Gott.
Mit ihm wirst du Neuland erobern
und dir eine Heimat in deinem Herzen schaffen.
„Was will ich?", ist eine schöne Frage.
Und noch schöner ist die Antwort,
die in dir steckt. Du darfst sie formulieren.

Du darfst dir sagen,
wie du fühlst,
und dein Gefühl ernst nehmen.
Du musst dich
dafür nicht schämen.
Es gehört zu dir.

6

In diese innere Landschaft
werden immer wieder die Warner einbrechen,
deren Lebensinhalt es ist, dich vor dir selbst zu warnen.

Weil sie nicht viel von sich halten,
halten sie auch nicht viel von dir.
Sie sind geübt in der Verachtung des Menschen,
auch wenn sie es nicht so nennen würden.
Sie haben gepflegtere Ausdrücke,
sanftere Worte, aber sie meinen
doch immer wieder nur eins:
„Traue dir nicht, traue nur uns."
Sie haben aus der Unselbständigkeit
eine Tugend gemacht, auf die sie stolz wären,
wenn sie stolz sein dürften.

Sie versuchen die zurückzuholen,
die sich in die Landschaft des Inneren vorwagen.

Ihr erhobener Zeigefinger kann Gewalt
über dich haben, wenn er sich
mit der Unsicherheit in dir verbündet.
Wirst du umkehren und ihnen glauben,
oder wirst du deine Schuhe fester schnüren,
dich nicht mehr umsehen,
ihre Hunde zurückjagen
und dich dir ungeteilt zuwenden?

7

Die Landschaft gewinnt mehr und mehr Konturen.
Sie ist nicht glatt und einfach, sondern hat Berge
und Meere, Inseln, Wälder, Flüsse,
Weiten die Himmel und Erde zusammenführen.
Nichts ist ausgelassen.
Es ist die zauberhafte Geographie deines Herzens.
Es ist die Schönheit deiner Seele.
Unwillkürlich denkst du,
dass alles der wirklichen Welt, die du verlassen hast,
getreu nachgebildet ist.
Aber dann vermutest du,
dass vielleicht alles hier begonnen hat
und die Welt, aus der du kommst,
dieser nachgebildet ist.
Kommt innen vor außen?

Lass den Gedanken ruhen.
Du musst nichts lösen.
Es ist genug, dass du bei dir bist.

Das Leben
nicht zu untersuchen
ist,
ein wertvolles Geschenk
nicht aufzumachen.

8

In deinem Wesen,
in deiner Mitte
spürst du jetzt einen Kern,
der mit jedem Schritt wächst.
Du wirst.
Du entdeckst dich.
Du findest und erfindest dein Leben.

Du entstehst,
entgegen allen Prognosen,
dass diese Entwicklung
deine eigene Vernichtung sei.

Du verwirklichst, was es längst gab.
Du gibst der Pflanze die Blüte,
aus der später eine Frucht werden kann.

*Auch wenn es einmal
wie eine Mode war,
„sich selbst zu finden“,
so wird es nie modern
oder unmodern sein,
es tatsächlich zu tun.*

9

Du denkst zurück an die Angebote
von gestern und vorgestern.
Sie wirken so vordergründig und fremd.
Ihnen fehlte die Weite,
in der du jetzt stehst.

Du lächelst,
nicht von oben herab,
aber über das Glück,
bei dir selbst zu sein.

Jetzt kannst du dich lieben lernen.
Du kannst die Arme um dich schlagen,
du kannst dich schön finden
und bei dir verweilen.

Das Wunder fängt an.

Was in dir geschieht,
geht zunächst niemanden
etwas an.
Es ist dein Innenleben.
Es mit jemandem
zu teilen
oder nicht,
ist deine freie Wahl.

10

Dann gibt es doch wieder Tage,
da verfinstert sich dein Weg.
Die Landschaft stürzt dich in ein Sterben.
Schnee liegt auf den Bergen, die Flüsse frieren zu,
du verirrst dich in der Ungeheuerlichkeit
des ganzen Unternehmens.
Du verlierst die Orientierung.

„Dies ist doch kein Glücksweg," denkst du.
Du bist enttäuscht, du zweifelst.
Der Weg führt an Abgründen vorbei,
die sich in dir auftun.
Du läufst Gefahr, in ihnen zu verschwinden.
Du bist nicht gut zu dir.
Das sind die alten Muster,
die verzweifelten Schichten in dir,
die sich aufbäumen und die Herrschaft
wieder an sich reißen wollen.
Das ist die Angst, die von deiner Unsicherheit lebt.

Du hörst die alte Stimme mit ihrer Warnung:
Was wäre, wenn der Weg nach innen
der Weg in die Hölle wäre? Du zitterst.
Dogmen, Paragraphen und Ordnungen
schnappen nach dir.
Hieronymus Boschs Höllenmalerei
leuchtet auf und verdammt dich.

Wieder könntest du alles verlassen und gefügig werden.
Du könntest den Gehorsam wieder loben
und dich in die Sicherheit
deiner alten Vorbilder flüchten.
Sie stehen da, bereit, dich aufzunehmen
und diese Reise abzubrechen.

Schreist du, suchst du nach Hilfe?
Nur du selbst kannst dir helfen.
Denke an deinen Willen,
dein Leben ist dein Leben.
Wie entscheidest du dich?

Könnte es sein,
dass du deine
sämtlichen Erlebnisse
selbst einfädelst,
um dir etwas beizubringen,
was du durch dein Denken
nicht lernst?

11

Die Reise nach innen ist die schwerste aller Reisen.
Jeder Held in der Geschichte
begegnet seinen Drachen.
Sie gehören zur Reise.
Ohne sie würdest du nicht stark genug werden,
um die späteren Hindernisse zu überwinden.
Die Hindernisse sind deine Verbündeten,
ohne, dass du es weißt.
Sie fordern deinen ganzen Einsatz, sei ihnen dankbar.

Es kommt der Drache der Freundlichkeit.
Die liebenden Stimmen,
die dich abwerben wollen von deiner Reise.
In der Gemütlichkeit ihrer Ruhe,
gerettet von ihrem Gott, sich selbst nicht befragend,
lächeln sie dich an und reichen dir eine Hand.
Du brauchst sie nur zu nehmen,
und mit einem Sprung wärst du wieder
in der Vorhersagbarkeit deines alten Weges.

Es kommt der Drache der Angst.
„Wenn du so weitergehst", sagt er dir,
„wird sich Gott von dir abwenden,
aus Liebe abwenden.
Und ohne Gott bist du haltlos.
Du bist nur ein trockenes Blatt im Wind."

Es kommt der kleine Drache der Demut,
die eigentlich Mutlosigkeit ist.
Zahm und vorsichtig versucht er,
dich zu überzeugen, dass du hochmütig bist,
verführt von der Schlauheit der Menschen,
die deine Seele kaufen wollen.
Seine Überzeugungskraft liegt in seiner stillen Art.
Fast ist er zu verwechseln mit der stillen Stimme in dir.

Und der Drache der Gewalt kommt.
Feuer speiend und Furcht erregend
malt er einen ebenso gewalttätigen Gott,
der deinen Plänen mit Zorn begegnet.

Du bist nichts und hast nichts
als nur deine Unterwürfigkeit.
Und die ist gewünscht.
Lass ab von deiner Eigenwilligkeit,
von deinem Mutwillen,
von deiner Herausforderung Gottes.

Der Drache der Trägheit schlendert herein.
Er wirkt nicht wie ein Drache.
Er kämpft nicht mit dir, aber du merkst,
wie du in seiner Gegenwart deine Kraft verlierst.
Nichts scheint sich zu lohnen,
es ist alles egal.

So wird aus der Reise der Kampf,
vor dem sich alle fürchten.
Aber du entdeckst die Notwendigkeit
dieses Kampfes und deinen Willen,
ihn aufzunehmen und zu bestehen.
Das gibt dir die Stärke, weiterzugehen.

12

Vor dir siehst du eine Tür.
Du klopfst an.
Gott öffnet in deiner Gestalt.
Da stehst du dir gegenüber.
Bist alt und doch jung,
weise und doch voller Wissensdrang.
Du willst reifen und wachsen.

Gott hat lange auf dich gewartet,
auf sich gewartet.
Ihm fehlt etwas,
wenn einer von uns sich verloren hat
in den Meinungen anderer,
in fremden Lehren und Selbstverleumdungen.

Wenn du zu dir selbst kommst,
kommst du zu Gott.

Gott ist nicht dein Feind.
Wenn er es ist,
ist er nicht Gott.

13

Du bist umgeben
von einer gefüllten Stille.
Gott geht nicht mehr ein und aus.
Er spricht nicht und er schweigt nicht.
Weder richtet noch begnadigt er.
Er ist nicht innen oder außen.
Er ist nicht menschlich oder göttlich.

Du weißt nichts und bist doch nicht unwissend.
Du bist weder frei noch gefangen.
Du besitzt nichts und bist doch reich.
Du bist nicht schuldig und nicht unschuldig.
Du bist erfüllt von der Stille
und bemerkst das Ende der Worte.

Alle Grenzen sind künstlich.

14

Außen ist innen geworden. Oben ist unten.
Zeit und Ewigkeit sind nicht mehr zu trennen.
Du bist bei dir angelangt
und musst dich doch immer wieder erreichen.
Und wenn du dich jetzt findest,
begegnest du anderen neu und erstaunlich tief.

Du kannst von allem lernen, und nichts ist leer.
Alles spricht zu dir, aber nichts kann dich zwingen.
Weil du frei bist, kannst du dienen.
Weil du glaubst,
zerstört dich der Zweifel nicht mehr.
Du wirst immer weiter,
ohne oberflächlicher zu werden.

Es gibt kein Ende auf dem Weg nach innen.
Mit der Sehnsucht als deiner Führerin
öffnen sich dir immer neue Welten,
in denen ungeahnte Schätze sichtbar werden.

Wenn du dich
Gott übergibst,
wird er dich
dir zurückgeben.

Und Gott?
Ist er in dir oder dir gegenüber?
Bist du in ihm, in ihr,
oder wie seid ihr ineinander verschlungen?
Es ist nicht mehr wichtig.
Ihr gehört zueinander.
Was du trägst, trägt dich.
Ihr tragt einander.
Nicht die Worte zählen,
nicht die Wichtigkeit deiner Gedanken.
Du hältst Einzug ins Wesen des Lebens.
Was das Leben ist, kann niemand dir sagen.
Du und ich ähneln einander,
und doch müssen wir unseren eigenen Weg finden.

Die Welt liegt offen vor dir und unentdeckt in dir.
Du wirst durch Unbegangenes gehen
und Ungedachtes denken.
Dich hat es noch nie gegeben,
und es wird dich nie wieder geben.
Du bist einmalig. Nur Du bist Du.

… und darüber hinaus

Wenn du bei dir angekommen bist,
bist du noch nicht am Ziel.
Die Reise zu dir selbst
führt dich auch immer zu anderen
und zu der Welt um dich.

1

Jetzt hast du dich frei gemacht
von der Bevormundung,
von dem Wissen außerhalb von dir,
von der Schlauheit der Wege anderer.
Auch dir selbst musst du nicht mehr gehorsam sein.
In dir lebt eine vorsichtige Stimme
deine Sehnsucht, deine Intuition, deine Ahnung –
diese Verbindung mit der Weisheit.
Sie ist wie Organ,
mit dem du die geistliche Welt wahrnehmen kannst
und durch das diese Welt zu dir spricht.
Diese Stimme zwingt dich nicht, sie quält dich nicht,
sie ehrt und respektiert dich.
Kannst du glauben, dass Gott so zu dir spricht?
Wie sollte er dich sonst erreichen?

Aber du bist noch nicht am Ende deiner Reise.
Jetzt geht sie es erst los. So wie wir uns selbst suchen,
so suchen wir auch einander.

So wir wir Sehnsucht nach uns selbst haben,
so haben wir auch Sehnsucht nach einander.
Auch wenn wir darüber nicht viel nachdenken,
ist diese Regung da und gehört zu uns.
Wir wissen, dass wir einander brauchen.
Wir haben es vor langer Zeit gelernt,
als wir großen Gefahren ausgesetzt waren.
Wir brauchten uns gegenseitig,
um bestehen zu können gegen die Elemente,
gegen die wilden Tiere, gegen feindliche Stämme.
Wir haben es mit unserem Blut gelernt,
dass wir zusammenhalten müssen, um zu überleben.

Später haben wir gelernt,
dass wir am Du zu einem Ich werden.
Wir bauchen den Spiegel, der der Andere uns ist.

2

Es mag dir schwer fallen dich selbst zu verlassen.
Gerade erst hast du gelernt,
dich selbst ernst zu nehmen,
da wird diese neue große Aufgabe
an dich herangetragen.
Nur so bleibst du gesund.
Du verlässt dich nicht, wenn du zum anderen gehst.
Du gewinnst ein zweites Zuhause.
Ein Teil deines Wachstums
und deiner Erfüllung liegt im anderen.
Teile deine Heimkehr zu dir selbst mit anderen,
mach sie zu einem Fest für alle,
die mit dir feiern wollen.
Lass dich los und halte dich fest
in einer großartigen Bewegung.

Was wir nicht loslassen können,
haben wir nicht. Es hat uns.

Auch wenn viele
die Liebe belächeln
und sie nicht
ganz ernst nehmen,
verändert das nichts daran,
dass die Welt
in ihrer Tiefe
nur von der Liebe her
zu verstehen ist.

3

Du hast gelernt,
dass jeder für sich selbst verantwortlich ist.
Es stimmt, und doch sind wir aufeinander angewiesen.
Unser Planet ist so klein geworden
und wir haben ihn so dicht bevölkert,
dass unser Umgang miteinander entscheiden wird,
ob wir überleben werden.

Die Weisheit, die du für dein Leben findest,
ist auch die Weisheit für die Welt,
und was du in tiefer Verantwortung und Liebe
dir selbst tust,
tust du der Welt.

So wie wir uns selbst finden,
so finden wir einander und die Welt.

Sich selbst
bewusst zu verlassen,
um zum anderen zu gehen,
ist eine mutige Tat,
die mit einer umfassenden
Selbstfindung belohnt wird.

4

Es reicht nicht, diesem Miteinander
der Form nach gerecht zu werden.
Es geht darum, den anderen zu meinen,
wirklich ihn und sie zu meinen.
Viele Menschen sterben daran,
dass niemand sie meint.
Sie sind unwichtig im Leben eines anderen.
Sie werden übersehen, umgangen, übergangen,
vernachlässigt, vergessen, abgehakt.
Auch wenn ihnen niemand das direkt sagt,
so spüren sie doch den ganzen Tag lang,
dass sie nicht gelten.

Die Zuwendung beginnt mit wenigen Worten,
mit kleinen Handlungen und winzigen Gesten,
die alle sagen: Ich sehe dich,
ich erkenne dich,
ich meine dich –
wenn ich dich ansehe,

wenn ich dir zuwinke, wenn ich lächele.
So sprechen wir das Herz an,
und begeben uns auf die Reise in das Herz
eines anderen Menschen, diesen heiligen Boden.

Dieses „Meinen" kostet nichts,
und doch kann es das Leben eines Menschen retten,
der in Bedeutungslosigkeit untergeht.
Vielleicht rettet es sogar unser eigenes,
weil wir nicht untergehen in unserem eigenen Leben,
in der Geschäftigkeit, die uns von anderen trennt,
in den Sorgen um uns selbst,
die nur wachsen, wenn wir sie nicht loslassen können.

So machen wir das Leben
eines anderen Menschen wertvoll.
Da steht jemand nicht mehr allein im Leben,
sondern erlebt ein Gegenüber.
Da gibt es ein heilendes Wort,
einen Mut machenden Blick,
eine ermunternde Geste.

Was du weggibst,
erhältst du vielfach
und verwandelt zurück.
Vielleicht erkennst du es
manchmal nur nicht
als dein Eigenes wieder.

5

Jetzt kannst du den Glauben loslassen,
dass Menschen grundsätzlich getrennt sind.
So hast du es immer gehört.
Der Mensch ist des Menschen Wolf.
Durch viele Wiederholungen
sind diese Gedanken tief in deine Seele gefallen.
Da hast du begonnen so in die Welt zu blicken,
und dich getrennt von anderen zu sehen.
Durch tausend Erlebnisse hast du es dir immer
wieder bewiesen, dass es so ist:
Keiner versteht dich, und dir ist das Leben
eines anderen Menschen verschlossen.

Jetzt hast du gelernt,
dass wenn sich jemand verletzbar macht,
wird sich das Herz des anderen öffnen.
Uns unterscheidet wenig.
Wir alle suchen nach Liebe, nach Erfüllung,
nach Sinn für das eigene Leben.

Wir alle brauchen Sicherheit.
Wir fürchen uns vor Krankheit, Unsicherheit,
vor dem Altwerden und seinen Begleiterscheinungen.

Darum ist die andere, der andere
nur so weit von dir entfernt,
wie du von deinem Herzen getrennt bist.
Dich selbst kennen zu lernen,
ist bereits ein Vorstoß zum Herzen des anderen.
In dir wohnt die ganze Welt.

*Auch du hast Mühe,
wie wir alle,
zu glauben,
dass am Ende
nur die Liebe zählt
und gezählt haben wird,
aber es ist so.*

6

Geh vorsichtig, wie auf Katzenpfoten
zu dem Menschen, den du kennen lernen willst.
Lass dir und dem Menschen Zeit.
Das Herz eines anderen
ist ein ängstliches Ding.
Große Vorsicht ist nötig
und tiefe Entschiedenheit,
wenn du echte Nähe herstellen
und dann nicht missbrauchen willst.
Auch beim anderen, wie bei dir,
betrittst du heiligen Boden.

Nur mit viel Übung
lernen wir,
unsere Erlebnisse
und Begegnungen
direkt anzusehen,
und sie nicht
durch irgendwelche Theorien
und Lehren
zu verfälschen
oder zu verneinen.

7

So ist die Reise zu dir, die Reise zur Welt geworden,
und die Reise zur Welt und in die Welt,
macht dich von Tag zu Tag reicher.
Du gewinnst eine Sicht von deinem Platz in der Welt.
Du findest Heimat in den Herzen deiner Mitmenschen,
so wie sie in dir ein Stück Heimat für sich finden.

Deinem Leben, allein und mit anderen,
ist keine Grenze gesetzt.
Ganz gleich wie alt du bist: Das Leben
steht mit neuen Abenteuern vor dir.
Alles, was du auf dem Weg zu dir selbst geleistet hast,
kommt der Welt um dich zugute.
Und ab und zu erlebst du ein Stück Himmel,
wenn dir der Durchblick vergönnt wird
und du einen Augenblick lang siehst und fühlst,
wie alles zusammengehört und wenn du erlebst,
dass dein Herz und das Herz der Welt
an derselben Stelle schlagen.

8

Vielleicht wirst du am vorläufigen Ende dieser Reise
auch bereit sein, den großen Schritt
in das grenzenlose Mysterium zu tun.
So tief und endlos wie unsere eigene Seele
ist die zauberhafte Welt um uns.
Das randlose Schweigen nimmt uns auf.
Die geheimnisvolle Verbindung,
in der alles mit allem geboren wird,
wächst und wieder verschwindet, trägt uns.

Mit dir vervollständigt sich die Welt
und zeigt, wie das Muster gedacht ist.
Du bist kein Zufall, sondern Ausdruck einer Wahl.
Du bist gestaltete Liebe und Sprache des Göttlichen.
Du bist einer von denen,
auf die wir gewartet haben.

Höre und erhöre dich.

Dass du etwas nicht verstehst,
hat seinen Sinn.
Da
geht dein Weg
weiter.

Leben

Anselm Grün
Bleib deinen Träumen auf der Spur
Buch der Sehnsucht
Band 5550

Sehnsucht ist der Anfang von allem. Wer auf die Stimme seines Herzens hört, dessen Leben wird sich verwandeln.

Henri J. M. Nouwen
Leben hier und jetzt
Jahreslesebuch
Band 5570

Das Besondere, das Geheimnisvolle und Göttliche in der Unscheinbarkeit des Augenblicks erleben, dazu regen diese Texte an. Jeder Tag – eine Quelle der Inspiration.

Johannes Pausch/Gert Böhm
Was der Seele gut tut
Im richtigen Rhythmus leben
Band 5237

Erst wenn körperliche, seelische und spirituelle Ebene im Einklang sind, fühlen wir uns wirklich wohl. Mit vielen Übungen und Beispielen.

Pierre Stutz
Ein Stück Himmel im Alltag
Sieben Schritte zu mehr Lebendigkeit
Band 5036

Mit konkreten spirituellen Übungen zeigt der bekannte Autor, wie wir die Quellen der eigenen Lebendigkeit wieder entdecken können.

Pierre Stutz
Du hast mir Raum geschaffen
Inspiriert von den Psalmen
Band 5424

Faszination Leben: Augenblicke der Dankbarkeit neben Momenten der Trauer und der Ohnmacht. Kraftvoll sensible Meditationstexte für eine Spiritualität des Alltags.